AF607190

CONSEJOS DE ECONOMÍA DOMÉSTICA PARA EXTREMÓFILOS

NADIA FABO ANDRÉS

CONSEJOS DE ECONOMÍA DOMÉSTICA PARA EXTREMÓFILOS

II Premio de Poesía Marpoética

VISOR LIBROS

VOLUMEN MCCXLII DE LA COLECCIÓN VISOR DE POESÍA

Un jurado presidido por Olvido García Valdés y compuesto por Carmen Díaz, Antonio Lucas, Violeta Valero y Javier Vicedo, actuando como secretario Jesús García Sánchez, concedió a este libro el II Premio Internacional de Poesía Marpoética, convocado por el ayuntamiento de Marbella.

Cubierta: © Extremófilo. Fototeca de Oxford Scientific

Isaac Peral, 18 - 28015 Madrid
www.visor-libros.com
ISBN: 978-84-9895-592-7
Depósito Legal: M-21173-2024
Impreso en España - Printed in Spain
Gráficas Muriel. C/ Investigación, n.º 9. P. I. Los Olivos - 28906 Getafe (Madrid)

(…) si este libro o cualquier otro no existieran
seguiría sin pasar nada. Nunca pasa nada,
salvo que decidamos que sí.

Nadal Suau

Ver es cálculo. El sonido, sugestión.
Las palabras están crudas. Si las
pruebo, ¿me enveneno?

Fernanda García Lao

A Madre

A mis hijos,
siempre

A Mati,
porque vivir es increíble

posar intensamente desnuda
tener un colchón de ahorro
palpar la jácena de entre las piernas
entregarse a la libertad financiera
sentir la húmeda certeza de que estamos vivos.

qué importan los versos que escribiré después.

ser usuario de la biblioteca municipal.
ser usuario del polideportivo municipal.
ser usuario del transporte público.
ser usuario de un *cuerpovivo* desnudo sin pena.

a la biblioteca
al polideportivo
al autobús
ir. dudar. no ir.
a ese *cuerpovivo* monzón conticinio
aferrarse como Rómulo y Remo a Luperca.

enamorarse hasta las trancas
un día entero. un día entero
y ya. hasta luego, Lucas.

escalar las cortinas de casa
como un animal insomne.
tocar techo, bajar
y recoger hipnotizado las ondulaciones
de las cosas no terrenas
en lona de navío.

algo así sería.
así de económico sería.

formar figuritas de miga de pan:
una paloma mensajera
un cielo inútil
eso que te dije que asordinó tu risa.

si me salen mal, les corto el cuello.
no sufren, pienso; aunque
cada cual
siente lo que puede.

rezar
mirando las vueltas del centrifugado
para que los niños no se queden con hambre.

rezar
desde lo alto de un árbol:
¿todo está bien ahí abajo?
¿se me ve algo oscuro?
¿algún órgano ofensivo, quizás?

rezar
mientras saco a Perro
mientras saco la basura
mientras saco los recuerdos de mí misma siendo fruta,
  hueso,
ojito derecho.

alzar la mano en señal de jau
y rezar
para que los cojines no cojan olor a cabeza
para que la desdicha sea siempre como el hipo:
rápido, rítmico,
probable.

cae del grifo una gota sobre la pila,
sobre el agua que contiene la olla en la que se ha hervido
el arroz
para toda la semana.
¿cómo explicarle a la gota,
a la pila,
cómo explicarle a la olla,
al arroz,
que soy una estampida de bisontes?

no recalientes demasiadas veces el arroz;
puede provocar molestias gastrointestinales
como cuando un banco de pirañas
clavetean la piel.

si acumulas mil puntos en el carnet Carrefour
puedes conseguir el IVA superreducido en la leche,
la harina panificable y los tubérculos.

si acumulas mil horas con la boca cerrada
puedes conseguir que el silencio sea una variable
que mute constantemente
para que el otro decida si se trata de un sí,
de un no
o de cualquier otra respuesta.

la harina panificable está sobrevalorada.

en esta guía de consejos de Economía Doméstica,
nuestra heroína dice:

la próxima vez vivirás dentro de tus posibilidades.
la próxima vez lo domarás: el amor en bruto no sirve.
la próxima vez serás eficiente, equitativa, sostenible,
reciclarás: te comerás las burriagas del bocadillo.
la próxima vez nacerás en Caparroso.
la próxima vez no harás shopping:
serás por fin una señora con mallas que mira los
escaparates de zapatos.
la próxima vez.

todas las piedras no valen para esquina.

quedo con Madre.
compra *sanjacobos* para los niños.
paseamos.
paseando, Madre dice:
qué injusta es la vida;
desde que murió tu hermana
siempre lo pienso.
dos *sanjacobos.*
un *sanjacobo* para cada niño.

en esta familia manejamos el presupuesto
como manejamos la arena:
con manos de carnicero.

la gente se muere cuando menos te lo esperas.
pum.

cuando menos te lo esperas desaparece
y tú te quedas en la cocina
con un montón de cosas dentro sin ordenar
con un montón de tickets de gasolina doblados
    sin cuidado
con un montón de cosas fuera sin ordenar
con un cardumen de poemas insulsos terminados en *ero*
que nunca llegarán a rimar con
«a partir de ahora la vida será ligera como un lalalá»
o con
«ninguna situación de caos es igual a otra».

pum.

pack indivisible.

mujer disfrazada de madre
disfrazada de currita autónoma disfrazada
de manglar
de ruido como de ventosa sobre linóleo disfrazado
de ménade disfrazada
de difuminaciones
de álbum al que recurres cuando te posee la inquietud
    disfrazada
de carcoma voraz
hambrienta por descubrir cuánta miopía eres capaz
    de soportar.

soy un chollo
en los lineales de marca blanca
de las grandes superficies.

escribir, borrar
escribir, borrar
escribir y borrar poemas sobre melancolías cíclicas
infortunios
batatillas de flores moradas.

cenar un huevo
y doblar el alma como una camisa de lana.

en esta guía de consejos de Economía Doméstica,
nuestra heroína aconseja:

no se trata de ahorrar más
sino de gastar menos;
no se trata de fabricar poemas
sino de romper la trama, recortar diciembre;
no se trata de ganar el cielo
sino de jalar al diablo por la cola y estrellarlo contra
una tapia.

canta, canta, canta alto, amor;
canta, canta, canta siempre, amor
antes de que el estribillo repita
que no hay nada más obsceno
que aguar la leche.

comer pan.
pan con mantequilla y azúcar.
pan azacanado.
el pan nuestro de cada día, dánoslo hoy.

comer pan sin aflicción, en un acto reflejo,
como se cuenta de la gente que camina once pasos
y sin cabeza.

identificar
tu herida emocional
la comida que te sienta pésimo
las muelas llenas de caries en las que chapotea la lengua

cuánto vale limpiar el coche
los talentos baqueteados
cuántos mensajes hay que enviar para que los dedos
    amorfos no corten
una vocal:

—herida de abandono
—los guisantes (gimiendo un poco con la «a» y la «e»;
    guillotinando la «o»).

pensar.
pensar en nada en particular es bastante barato.
pensar que si las gallinas parpadean al revés, igual
piensan al revés.
que a veces el cuerpo tiene memoria, una extraña
intermitencia, bisagras descalabradas.
que si un hueso se rompe empezarás a escuchar el ruido
de un somier.
pensar que poco a poco estoy incubando la vida como
un bípedo implume.
que el desierto se pierde en el desierto como el humo
se disuelve en el aire y el agua en el agua.
que a la poesía hay que ponerle vértigo.

pensar en nada en particular; por ejemplo:
¿cómo es que llegamos a Marte y no hemos podido
quitar el olor a humedad de los trapos?

escuchar música.
escuchar música amansa a las fieras. te pone los ojos
turnios, la lengua volcánica. derrite el hielo resbaloso
camuflado en las veredas. te acompaña
en la dieta del perro, en las cimas, en las simas. deja
ojeras, puntos zurcidos en las medias. te acompaña
en las técnicas de rastreo, a circundar jardines,
a dejarlo todo llorado.

escuchar música y acariciar:
«tú que eres tan guapa y tan lista
tú que te mereces un príncipe, un dentista
tú, te quedas a mi lado
y el mundo parece más amable, más humano, menos
raro».

bis.

siempre que Madre me mandaba a los recados, daba patadas a las piedras y me quedaba con las vueltas. unas monedillas para un chicle fosforescente, para unas pipas peladas, para aliviar de forma inmediata una infancia a la que ya se le veían los colmillos. nunca guardaba para luego, ni para después, ni para después de después porque después pasó lo que pasó y se acabaron los chicles. por eso no sé ahorrar, le digo al asesor.
por eso ahora mi única obsesión es recoger piedritas del hormigón y observarlas en la palma de la mano. preguntarme por la composición atómica del cemento. por cuánto pesará un cerebro deteriorado.
¿y un púlsar?

dar teta a los niños.
ofrecer comida, bebida, calor y ternura en un mismo
gesto resulta bastante rentable.
los conductos galactóforos a todo trapo.
los pezones, filosóficos.
la mente mecida en una malva eme de extraña
intermitencia:
má
má
mámá
mmm amá

di teta a los niños.
di teta a mis niños
a estos niños que ahora tratan de ir
sorteando obstáculos
en esta carrera de sacos que es vivir.

en esta guía de consejos de Economía Doméstica,
nuestra heroína habla:

¿sabías que el agujerito lateral de los bolígrafos Bic ayuda
a igualar la presión adentro y afuera?
¿sabías que hay que estar un poco lelo o un poco muerto
para descansar del cuerpo?
¿sabías que le agregaron un hoyito al tapón de propileno
para evitar que uno se ahogue si se lo traga?
¿sabías que vive mejor la gente que no recuerda su niñez?

tararea conmigo:
Bic naranja Bic cristal
dos escrituras a elegir
Bic naranja escribe fino
Bic cristal escribe normal
Bic Bic
Bic Bic Bic.

convertirse en menopáusica
equilibra bastante el balance mensual:
menos gastos, más determinación.

quizás el esqueleto andante,
el tejido conectivo compuesto de *célulaschampánadipocitosmiel*
se nos va quedando como carretera sin berma
pero la piel ¡ay!
la piel se nos pone delicadita,
como un alfa centauri
y un poco cristalina para que la luz
tenga más fácil querernos.

de Madre aprendí a estirar el dinero
a estirar la ropa el humor
a resistir el invierno (como hacen algunas plantas).

de Madre aprendí a ser una perfecta extremófila
a sentarme en el suelo y esperar a que el viento haga algo
    por mí (como hacen algunas plantas)
a escribir:
es como morir aplastado por tu puerta de garaje, amar.

tomar el sol.
tomar el sol
y dar la espalda al trabajo,
los hijos,
al peso de la alforja diaria que nos convierte en mulas.

tomar el sol
y pedirse un chupito de seso de mono.
o dos.

después del granizo
tomar el sol,
buscar gusanos bajo los cachos de tierra
(lanzando las paredes contra el cielo)
y silbar
una canción inventada.

mirarle y decir «tira de aquí», mostrando el dedo índice.
notar la aprehensión
y tirarse un *peo.*

quién nos dice que amar no es ser animal de compañía,
alimento.

en esta guía de consejos de Economía Doméstica,
nuestra heroína pregunta:

¿cuánto valen los objetos que no usas?
¿cuánto valen los objetos que no usas y guardas bajo
la cama?
¿cuánto valen los objetos que no usas y guardas
bajo la cama como si la cama estuviera preñada
sin explicación y sin remedio?

nuestra heroína pregunta
como esas personas que elevan la voz
cuando desean hacer una confidencia.

Madre me confiesa que ha dejado de fumar
y que ahora suspira.
¡Ay!, hago
como descansando de un sueño sin saber descansar
como doblegando hasta la convicción más firme
como si hasta ahora ese acto reflejo no fuera con ella.

¡Ay!, hace
y entonces escucho un temblor de maquinita excavadora.

jugar a «alturitas»,
que te curen con saliva, te peinen con horquillas.

jugar a médicos,
que te aúpen de un salto, te digan «mi gran alce
de las nieves».

jugar a «el ahorcado»,
que te abracen con todo
que con la «v» completes la frase:
tú y tu estúpida evocación de la melancolía.

escuchar conversaciones ajenas:

«mueves la cabeza como los animales de sangre caliente,
como las yeguas recién paridas, como las centauras».
«Pili, de verdad, prueba el pan de pita; es lo más».
«ya casi nada es como antes: ni la música, ni el amor, ni
las rodillas de las mujeres».
«no sabe hacer la «o» con un canuto pero cuando me
besa escucho rRrrrRRRrrrRr como los ventiladores
que rebanan cabezas de moscas».

es gratis escuchar.
escuchar y vivir.
a bocanadas vivir.

insultar mentalmente

(comebolsas
pollopera
boquimuelle
mejores personas me han dicho peores cosas
mangurrián
cagalindes
metemuertos
tienes la cara perfecta para salir por la radio)

resulta terapéutico-aliviador
relajante-tranquilizador
y silencioso,
como cuando abres la boca
y te soplan por dentro.

recuerdo a Madre:
laluz.
apaga laluz.
laluz. laluz. laluz.
niña, laluz del baño.
laluz. laluz. laluz. laluz del cuarto. laluz.

me oigo:
laluz.
niños, laluz.
laluz. laluz. laluz.
laluz del baño. laluz. laluz.
niños, apagad laluz.
laluz. laluz, coño, laluz.

hay herencias buenas,
malas
y las abiertas con azada.

en esta guía de Economía Doméstica,
nuestra heroína lee:

reclaman el control de la tórtola turca en Marcilla por sus daños ambientales y económicos. la sociedad de cazadores del municipio alerta de que existe una superpoblación de esta especie, que ni es autóctona ni aporta ningún valor añadido.

recuerdo a mi abuela: marcillesa,
provocó daños
y sumó cierto valor incierto:
reconozco cuándo los pelos de los brazos me sirven
para colgar toallas.

ver pelear a las gatas de casa.

no identifico del todo dónde empieza
el juego y dónde la lucha de poder
en qué momento
en el amarillo del ojo
nacen las intenciones aviesas
en qué lugar de la cocina esconden
esa paz relativa que convierte lo anodino
en tubo respiratorio.

Txupi y Minerva se llaman
pero bien podrían ser Palabradicha y Consunción.

hablar sola mientras paseas
«puaj qué asco me dan las orugas pinchudas.
¿estará bien dicho pinchudas?».

hablar sola mientras friegas
«acepta Nadi la finitud, tu falta de talento onomatopéyico,
que el tomate frito tatúa hasta las carenas.
¿estará bien dicho trac trac trac para un somier flojo?».

hablar sola mientras te miras en el espejo
«no tengo regla, no tengo *pandemolde* y en cualquier
momento el mundo
se queda sin nosotros.
¿será mejor utilizar ñic ñic ñic para un somier flojo?».

hablar sola y contestarte
«alabi alaba
hoy estoy animala
hoy devoraré a mis víctimas vivas
me he comprado cabeza de jabalí
a la bim bom ba».

odiar por inercia heredada (de Madre)
el amarillo limón
los hombres* deshabitados
la gente que arrastra los pies

odiar sin estrategia
el ruido del frigorífico
las llamadas que dejan todo desgreñado
cuando alguien pregunta ¿está todo bien?

odiar en sentido figurado
las fotos para el deneí
por no decir literal
las fotos para el deneí
por no decir
las fotos pequeñas de gente pequeña intentando importar

también puedes odiar por vicio
para tener la ilusión de poder dejarlo.

---

* En el original puede leerse «caracoles».

vamos a mirar la fuente.
me relaja.
yo me suelo sentar en la plaza Bilbao.
¿tú no miras las fuentes o qué?
tú es que estás tonta perdida.

Madre,
el poderío
o cómo simplificar mecanismos.

«sentirse libre»

–sentirse libre para poder sentenciar «gano más desnuda que vestida».
–sentirse libre para sorprenderse mil veces con el mismo truco de magia del tío Francisco cuando todavía era tío Francisco y no hablaba de sí mismo en tercera persona.
–sentirse libre y fracasar.

«sentir entusiasmo»

–sentir entusiasmo y cierta agitación en el pecho como si fueras un perro antidroga y vuelves al tajo después del almuerzo.
–sentir entusiasmo y utilizar la interjección yupi, diantre, hurra, atiza, caramba, *siesquesabíaqueerastú*.
–sentir entusiasmo y fracasar.

«sentir miedo»

–sentir miedo desde que Padre dijo voy a por tabaco y Madre cerró con pestillo.
–sentir miedo, cagarse en los pantalones, temblar porque aún se desconocen los efectos de la tecnología en los

genitales, porque la pena siempre llega más alto y me tira del pelo, porque me da risa pensar que voy a devorarte.
–sentir miedo y quedarse.

dicen que usar la función de auto-completado conforme vas introduciendo caracteres en la barra de búsqueda, puede ahorrarte tiempo.

Madre,
me he comprado un vaquero de leopardo por veintidós
con veinticuatro.

¿no te he enseñado yo nada sobre las compras compulsivas?
¿todavía no sabes que aunque una sienta algo mucho,
durante mucho rato, muchas veces, incluso con
mucha gente, no cambia nada el mundo?
¿todavía no sabes que el deseo fermenta como peladuras
de ciruelas rodeadas de ávidas avispas amarillas?
¿no te he enseñado yo nada sobre el abismo?

pobre leopardo.

¿paro?
no, no, no, nó.

diferenciar dolor y placer
para comprender si el grito es
porque el plástico de la ducha está hongueado
las rodillas desolladas
o porque tienes la boca habitada por dios.

reconvertir idiomas:

txerto es qui vértele tua narippa di romano
me reconfortta il ánima e me provocare una sentzatzione
similare al mietto
a la oscuritat.

y que alguien te entienda:

mia piccola e indótxile alce, deja qui la vita ti sorprendare
e ojalá qui mai mai nunqui ti faltare mermeladi di fiko.

mirar los carros de compra de otros
calabacín, piedras filosas, tónicas, chocolate negro,
    fiambre de pavo
y adivinar
compresas, cola-cao, magdalenas, un valle de lágrimas,
    esparadrapo,
gel de ducha de coco
quién dentro de este supermercado
macarrones, lubricante, manzanas, cebollino, agua
    estancada en el lavabo, leche desnatada
le acaba de decir a Madre
«lo recuerdo claramente como nunca fue».

en esta guía de Economía Doméstica,
nuestra heroína ordena:

sepárale suavemente los labios
con la lengua juega
con la lengua haz movimientos ondulantes
y corona
con la lengua corona
con un movimiento rápido al final.

la técnica de la serpiente, la llaman
entonces
ella te hablará bajando la voz como cuando pronuncia
palabras bonitas y difíciles

espermatozoide
saldos
azacán

fingir que te gustan las flores.

fingir
que sabes cocinar
que sabes muchas palabras
que sabes hacer la declaración de la renta, el muerto
    en la piscina,
planes de futuro.

fingir
que ligas mucho
que no te has hecho otro esguince
que ligas mucho y de manera natural
que tu vida no se resume en casa-curro curro-casa
fingir que cuando le ves
solo se alegran las gatas.

fingir
que quieres a Padre cuando en realidad sientes pena-pena
mezclada con pena-primitiva mezclada con culpa-primigenia
cuando en realidad sabes que eso ha marcado tu relación
con los hombres cuando en realidad sabes que

querer profundo te da miedo que querer profundo
    te embarra te embrea te embrolla
que querer profundo no sabes.

fingir que te gustan las flores
y darle un beso.

venir al mundo
para pasear por la playa en febrero
para hacer pan con las manos sin saber hacer pan con nada
para tener la misma contraseña para todo
—aceitedericino123—.

venir al mundo
para acariciar
desde el cuello bajando por la espalda con la punta de los dedos es el espacio-tiempo plegándose con los dedos
volver a subir por la espalda a cámara lentita hasta el cuello otra vez que es el mismo cuello del principio pero como si fuera otro porque la piel de gallina es distinta.

venir al mundo
para escribir borrar descubrir sabores escribir borrar decir «vale» escribir borrar el verbo amaromar me encanta
porque a veces en este mundo pasan las cosas antes de tener palabras
para nombrarlas.

escuchar a Madre una conversación que vas a olvidar
    porque

es que se tiene que sondar, imagínate, dos veces al día, porque no le sale toda la orina, es que es la leche la vida, imagínate, a nuestra edad, todas pensando en cuántos agujeros tenemos, que se nos había olvidado, imagínate, todas pensando en que vivir es encontrar los agujeros vivir es mirar de frente a los agujeros todas pensando en que vivir es que no se te atoren los agujeros antes de tiempo

estás tan concentrada en no romperte que no recuerdas
casi nada
casi nada
casi nada

hacer predicciones agoreras:

me gusta me gusta me gusta
pero seguro que habla con voz de pito
y parece tonto.

me gusta me gusta me gusta
pero seguro que quiere hijos, tener un hámster
o una huerta
y yo ya no puedo con más cuerpos que me miran
    profundo.

me gusta me gusta me gusta
pero seguro que no sabe rellenar formularios
que no pone una letra por recuadro
que no sabe imitar acentos peninsulares.

me gusta me gusta me gusta
pero seguro que tiene la misma contraseña para todo
—TKMCLTAT123*—
que tiene un somier flojo que hace tuc tuc tuc

---

* Te *kiero* mucho como la trucha al trucho.

que tiene raíces indóciles
branquias
y garras en lugar de dedos.

hacer predicciones agoreras
y fallar estrepitosamente.

enmudecer.

tu piel huele a rojo ascua.

dejar que hablen los somieres flojos.

cua cua cua.

enmudecer.

economizar palabras
—fregadero, poema, *amantebandido*—
practicar los silencios nutritivos
bordonear con la mirada.

ahorrarse palabras
—reconcomio, avispa, *portaldeBelén*—
ensayar la afonía
olvidar todo lo que dice esta guía de Economía Doméstica
tejer nasas.

catapultar palabras
—ménade, tetrabrik, *heridaviva*—
mirar las fuentes de las plazas
y pensar que la vida baila
como río enano y turbio hasta el mar.

cortar la comida en pedazos simétricos.

tres cachitos de pimiento con tres
cachitos de huevo con tres cachitos de pan
para simular algo:
un orden
un plan de ahorro
una misión de guerrero catatónico.

tres cachitos de pimiento con tres
cachitos de coraza con tres cachitos de
todo me sabe a* canana sin cartuchos
para simular algo, no sé:
un aljibe
un control de gastos
las veladuras impares de mis ojos.

* En el original puede leerse «lo que pudo ser».

en esta guía de consejos de Economía Doméstica,
nuestra heroína acaba:

este pobre censo de experiencias de salud financiera
no sirve, niña. reconócelo.
somos hambre y gula
antídoto e intoxicación
todo es tan complicado, tan enteramente cierto
tan fácil como raro.

quizá sea mejor quedarse aquí masticando palabras
largas, niña.
paralelepípedo es fantástica, niña,
o podríamos preguntarle al poema.

¿qué sabe el poema?

nada.

Madre habla.
habla y repite las cosas. habla y yo hago como que no me las ha contado.
por un momento, me la imagino dormida. hace años que no veo a Madre dormida. qué curioso, ¿no? dejar de ver cómo duerme la gente que amas.
me imagino en su rostro la placidez de un bebé con el pulgar en la boca.
el pecho me cruje tan fuerte al pensarlo que Madre para.
me toco la tripa.
es por el ayuno, Madre.
ahorro energético.
mira que estás tonta, *hijamía.*

soy una blandengue.

REFLEXIÓN Y AGRADECIMIENTOS

Mientras escribía este libro, me acompañaron múltiples y diversos autores que acunaron versos, dictaron otros, pusieron música o me retaron a darles la réplica, a enamorarme de su mensaje o a tirar del hilo hasta lograr la magia. Voces literarias (de ahora y de antes y de antes de antes que yo me imaginara que pudieras tener este libro entre las manos) que han polifecundado mi poética, una poética propia que es mía porque a mi manera escribo, escribía y escribiré pero que en realidad no es del todo propia porque yo leo, leía y leeré.

Eduardo Moga[1] lo dice parecido pero a su manera:

> No dejar nunca de leer. No dejar nunca de corregir. Escribir como si se amasaran las palabras, como si fuéramos a estamparles un beso en los morros o acariciarles las nalgas, como si fueran un cuerpo amado. Pero recordar que la literatura no tiene importancia. Recordar que, por bien que escribamos, todo queda en nada.

Ea, Eduardo.

Que está todo inventado y que lo único que nos queda es jugar y vivir,

[1] *Surco*, Cuadernos de poesía, n.º 5, p. 135.

con lo que sea jugar,
como extremófilos vivir.

Mi agradecimiento a Mariví Andrés López (Madre) por ser mi cómplice en *Consejos de Economía Doméstica para Extremófilos* aunque ella no lo supiera.

A Aitor Kaltzakorta Belaustegi (y su nariz de romano) por inspirarme muchos de los poemas de este libro y por escribirme maravillosos whatsapp que yo he plagiado, robado, re-escrito y memorizado.

A La Cabra Mecánica, a Manolo García y a la mente creadora de la canción del anuncio de BIC, por su enorme talento.

A Scarlett, la encantadora trabajadora del hostal Arriazu de Iruña-Pamplona, quien me ofreció su nombre y su no-apellido (Sin-Johansson) para crear uno de mis seudónimos preferidos.

Y al Bar Pokhara (Mónica, Ane) de Donostia-San Sebastián, por ser dulce abrevadero de estas palabras hiladas.

ÍNDICE

Esta primera edición de *Consejos de Economía Doméstica para extremófilos* se acabó de imprimir el 26 de septiembre de 2024, día del nacimiento de T. S. Eliot (1888).